Papierdraht

AF200144

Mehr als ein Bastelbuch

Originelles Gestalten mit Papierdraht

DIY- Ideen und Tipps zur Anfertigung von Figuren, Karten, Anhängern, usw., geeignet für Anfänger und Kinder

Von Sylvia Ehrenstein

Bibliografische Information der Deutschen Nationalbibliothek:
Die Deutsche Nationalbibliothek verzeichnet diese Publikation in der
Deutschen Nationalbibliografie; detaillierte bibliografische Daten sind im
Internet über http://dnb.dnb.de abrufbar.

Deutsche Erstausgabe 2020

Copyright © 2020 Sylvia Ehrenstein

Fotos: Sylvia Ehrenstein

Umschlaggestaltung: Wolfgang Münzberg
weitere Mitwirkende: Britta Moussa, Birgit Woltmann

Herstellung und Verlag: BoD – Books on Demand, Norderstedt

ISBN: 9783751919586

MIX
Papier aus verantwortungsvollen Quellen
Paper from responsible sources
FSC
www.fsc.org
FSC® C105338

Inhalt

EINFÜHRUNG:

Aus Papierdraht können Tiere, menschliche Figuren, Pflanzen, Zahlen, usw. zu jedem Anlass und passend zu jeder Zeit problemlos hergestellt werden.

Individuelle Dekoration kann auf diese Weise gestaltet werden und/oder eine festliche Dekoration ergänzt werden.

Das Basteln mit Papier und Draht hat viele Vorzüge, es ist kostengünstig und der Kreativität sind keine Grenzen gesetzt. Für das Arbeiten mit Papierdraht wird nur wenig Material und Werkzeug benötig. Sogar auf engstem Raum kann die Herstellung erfolgen und macht wenig Schmutz.

Außerdem ist Papierdrahtbasteln nachhaltig. Es ist eine fantastische Art des Upcyclings, aus altem Papier und Folien werden Kunstobjekte. Es werden Rohstoffe eingespart durch die Wiederverwendung von bereits existierenden Materialien, wie alten Büchern, Zeitschriften, Folien usw. Außerdem wird kostengünstig gearbeitet, da nur wenig Material gekauft werden muss. Natürlich können auch neue Papiere, Seide, Stoffe etc. verwendet werden.

Zwei- oder dreidimensionale Figuren werden aus speziellem Draht gebogen. Dieser Draht ist mit Papier umwickelt, ist weich und lässt sich leicht mit der Hand in Form bringen. Er behält die Form, ohne zurück zu federn. Dadurch lassen sich ohne große Mühe die unterschiedlichsten Formen und Figuren kreieren.

Einzelne Figuren können für sich allein als Skulptur gestaltet oder mehre, als Gruppe, in interessante Szenen umgesetzt werden. Ganze Landschaften entstehen mit Drahtfiguren. Im Urlaub gesammelte Dinge, wie z.B. Strandgut, Holz, Steine, Muscheln, Tannenzapfen usw. können mitverarbeitet werden. Der Fantasie sind keine Grenzen gesetzt.

Im Buch wird zu den unterschiedlichen Anlässen und Jahreszeiten erklärt, wie Figuren angefertigt werden. Die Herstellung der verschiedenen Figuren wird in Bild und Text anschaulich erklärt.

Im Internet gibt es ergänzende Ideen und Anleitungen, sowie Videos.

KURZE MATERIALKUNDE

Draht

Draht gibt es aus sehr unterschiedlichen Materialien, aber meistens besteht er aus Metall. Draht wird gezogen und ist dadurch größtenteils dünn und länglich, meistens mit einem runden Querschnitt.

Die Ägypter fertigten im 3. Jahrhundert aus Golddrähten Schmuckstücke an.

Es gibt Nachweise von Golddraht bereits aus der mittleren Bronzezeit in Mitteleuropa.

Die wichtigste Schutzausrüstung von Kriegern war das Kettenhemd, dabei wurden tausende von Eisendrahtringen verflochten zu einem Kettenpanzer (5. Jahrhundert n.Chr. – 14. Jahrhundert).

Die Qualität des Drahtes hat sich entscheidend verbessert mit der Möglichkeit des kontinuierlichen Ziehens, durch die sogenannten „Windenscheiben-Grobzüge" im 19. Jahrhundert.

Ohne Draht wären sehr viele Dinge fertigungstechnisch nicht denkbar, die Verwendungsmöglichkeiten sind fast unbegrenzt.

Schrauben, Nägel, Büroklammern, Gitarrenseiten, Bindedraht usw.- all diese Dinge werden aus Draht hergestellt.

Große, hohe Bauwerke wären nicht möglich, da Beton ohne Stahldrähte als Bewehrung, keinen Durchbiegungen standhält und Decken und Brücken einstürzen würden.

Elektrizität wäre ohne Drähte nicht möglich, Strom könnte nicht fließen. Wir hätten ohne Drähte keinen Strom, keine Datenübertragung, keine Computer etc. Die Welt wäre dunkler.

Papier

Papier wird aus Fasern, wie Zellstoff, Holzstoffe und Altpapierstoff, durch Entwässerung und Verdichtung auf einem Sieb, zu einem flächigen Werkstoff hergestellt.

Die Ägypter benutzten seit dem 3. Jahrtausend v. Chr. Papyrus als Schreibmaterial.

Papyrus besteht aus Schilf vom Nilufer, das flach geschlagen, über Kreuz gelegt und gepresst wurde.

105 n. Chr. wurde das Papier von Herrn Ts'ai Lun erfunden, einem Beamten der Behörde für Fertigung von Instrumenten und Waffen am chinesischen Kaiserhof und ein Eunuch.

Die frühen Papiermacher benutzten Seidenabfälle, Hanf, Lumpen, Baumrinde, sowie Bast des Maulbeerbaumes. Das Material wurde gesäubert, zerstampft, gekocht und gewässert. Dann musste mit einem Sieb der Brei abgeschöpft, getrocknet, zu einem Vlies gepresst und geglättet werden. Es entstand ein relativ homogenes Papierblatt.

In Europa begann im Mittelalter die maschinelle Massenproduktion von Papier. Das Verfahren wurde optimiert, wie z.B. das Zerkleinern der Lumpen, das Trocknen des Papierbreis durch Schraubpressdruck sowie das Schöpfsieb aus Metalldraht.

Wesentlich zum Erfolg des modernen Buchdrucks (Johannes Gutenberg) trug die Verbesserung der Papierqualität, zu günstigen Preisen, bei.

Es gibt ca. 3000 Papiersorten für die unterschiedlichsten Anforderungen, wie z.B. Karton für Verpackungen mit und ohne Beschichtungen, holzfreies ungestrichenes Papier als Kopierpapier, Bilderdruckpapier zum Kunstdruck, Aquarellpapier, billiges Zeitungspapier, Papierservietten, Seidenpapier, Toilettenpapiere, Papiertaschentücher, Küchenrollen usw.

MATERIALBEDARF:

Basis:

- Papierdraht ist ein dünner Draht, der mit Seidenpapierstreifen umwickelt ist. Es gibt viele unterschiedliche Farben und Drahtstärken, die es kostengünstig in Bastelgeschäften, beim Floristen oder online zu kaufen gibt.
- Füllung aus Papier, Stoff und/oder Folien. Sehr geeignet sind dickere Buchseiten und Notenblätter, aber auch farbiges Papier, Kaffeefilter und gemusterte Muffinförmchen, Seidenpapier, Folien usw. sind ebenfalls geeignet. Lassen Sie Ihrer Fantasie freien Lauf!
- Klebstoff, um den Papierdraht auf das Füllmaterial zu kleben.

Ergänzend

- Dekoration: wie Steine, Muscheln, Stöckchen usw., um die Figuren in Szene zu setzen.
- Untergrund aus einem Stück Rinde, Holzbrett, eine Baumstammscheibe oder lufttrocknender Modelliermasse
- Stifte, um z.B. Augen zu malen.

Werkzeug:

Grundausstattung:

- Seitenschneider oder eine sogenannte Kombizange, um den Draht auf die erforderliche Länge zu kürzen.
- Nagel- oder Hautschere, um das Füllpapier zuzuschneiden.
- Arbeitsunterlage
- Wäscheklammern, um den Draht an die Füllung zu klemmen.

Ergänzend

- Rundzangen oder Flachrundzangen, um den Draht zu halten und in Form zu biegen.

EINSTIEG

Die Anleitungen und Beispiele werden nach Schwierigkeitsgrad klassifiziert: sehr leicht, leicht, mittel und anspruchsvoll.

Einfache Drahtformen, die in Text und Bild erklärt werden, kann jeder herstellen, z.B. indem der Draht um Gegenstände gebogen wird. Um einen Kreis zu bekommen, kann der Draht um einen Becher oder Flaschenhals gelegt und die Drahtenden zum Kreisschluss verdreht/ verzwirbelt werden.

Es können auch die Linien von einfachen Bildern, wie z.B. die aus Ausmalbüchern von Kindern, aus Draht nachgebogen werden. Außerdem bietet das Internet Vorlagen für Papierdraht-Figuren.

Es gibt auch fertige Drahtformen z.B. in Bastelläden zu kaufen, die jeder kreativ nach Geschmack mit einer Füllung, z.B. aus Notenblättern, versehen kann. Es werden auch fertige Schmetterlinge, Herzen, Tannenbäume, Engel, Blumen usw. angeboten als fertige Drahtkörper (aber ohne Papierumwicklungen).

Wem Altpapier, Notenblätter usw. optisch nicht gefallen, kann in Schreibwarengeschäften oder Bastelläden viele einfarbige und gemusterte Papiere in unterschiedlichen Dicken kaufen und an die Drahtformen kleben.

Geeignet sind z.B.:

- Krepppapier (nicht zu dünn, sonst zerreißt es)
- Strohseide (gibt es auch mit Motiv, z.B. im Shabby Stil)
- Seidenpapier in vielen Farben (nicht zu dünn, sonst weicht es durch die Klebe auf).
- Tonpapier (Karton, nicht zu dick wählen, es sollte noch mit der Schere schneidbar sein).
- Transparentpapier
- Klopapier, Küchenpapier
- Stoffe, Schleifen, Lederreste
- Folien, wie z.B. Alufolie

Papierdraht lässt sich mit den Fingern in Form biegen. Wenn jedoch sehr kleine Ösen oder spitze Winkel gebogen werden sollen, sind Zangen hilfreich zum Biegen und zum Festhalten des Drahtes.

Wenn das Biegen der Form nicht perfekt wird, ist dies nicht tragisch. Durch die Füllungen, der figürlichen Form und anderer platzierter Schmuckelemente können kleine Dellen, Knicke etc. kaschiert werden.

Kleinere Imperfektionen machen den Charme der Kreation aus.

Sollte eine Form komplett misslingen, kann der Draht wieder gerade gerichtet werden, indem zuerst mit den Fingern der Draht möglichst gerade gebogen und anschließend über eine Tischkante gezogen wird.

Die Drahtfiguren können als Anhänger, mit einem Faden verwendet werden, z.B. als Weihnachtsbaumschmuck, im Osterstrauß oder Päckchenanhänger.

Die Drahtfiguren auf eine Karte geklebt, kombiniert mit Malerei oder Zeichnungen und Texten, ergeben individuelle Weihnachtskarten oder Glückwunschkarten, für einen lieben Menschen.

Künstlerische Skulpturen entstehen, wenn die Figuren einen Standfuß aus einer Modelliermasse erhalten oder auf einen Stein oder auf einen Holzstück montiert werden - mit weiteren Dekorationsobjekten, wie Muscheln, Knöpfen, Seidenblumen.

Viel Erfolg und Spaß beim Gestalten mit Papierdraht!

BEISPIELE ZUM FRÜHJAHR:

Neujahrsgruß mit Schweinchen (sehr leicht)

Zwei Drähte jeweils um einen runden Körper, z.B. einen Becher und einen Flaschenhals, legen und die Enden verdrehen. Jetzt sind ein großer und ein kleiner Kreis entstanden.

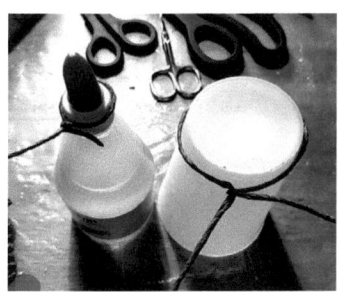

Für die Aufstellvariante ca. 2-4 cm Draht vom großen Kreis abstehen lassen, für die Hängevariante die Drahtenden bündig mit dem Kreis abschneiden.

Eine Seite der Drahtform mit Klebstoff bestreichen und auf Papier o.ä. legen, ggf. einen schweren Gegenstand als Andruckpressung drauflegen oder mit Wäscheklammern fixieren.

Nach dem Trocknen wird mit einer kleinen Nagelschere rückseitig entlang des Drahtes die Drahtform ausgeschnitten.

Der kleine Kreis wird als Nase mittig auf den großen Kreis geklebt. Aus einem Papierrest zwei Dreiecke schneiden und als Ohren an den oberen Rand des großen Kreises kleben.

Mit Stiften können Augen, Mund und Nasenlöcher aufgemalt werden.

Für die Aufstellvariante kann in einem Holzstück, entsprechend Drahtdurchmesser, ein Loch gebohrt werden und das überstehende Drahtende vom Drahtkörper eingeklebt werden.

Kann auch als Blumensticker verwendet werden!

Herzlichen Valentinstag (sehr leicht)

Mit dem Draht zwei Halbkreise nebeneinander formen, durch das Umlegen z.B. um einen Flaschenhals. Die beiden Drahtenden im Abstand gegenüber der zwei Halbkreise zur Spitze verdrehen.

Eine Seite vom Drahtherz mit Klebstoff bestreichen und auf Papier legen, ggf. einen schweren Gegenstand als Andruckpressung draufstellen oder mit Wäscheklammern fixieren.

Nach dem Trocknen wird mit einer kleinen Schere rückseitig entlang des Drahtes die Herzform ausgeschnitten.

Für die Aufstellvariante muss ein Draht am unteren Herz länger gelassen werden. In einem Holzstück kann, entsprechend Drahtdurchmesser, ein Loch gebohrt werden und das überstehende Drahtende vom Drahtherz eingeklebt werden. Oder es wird aus Modelliermasse ein Herz geformt und das Drahtherz in die Masse gesteckt.

Für die Hängevariante wird ein Faden mit einer Nadel durch das Papier gezogen und die Fadenenden verknotet.

Der personalisierte Schutzengel zur Konfirmation (mittel)

Ein Stück Draht um einen runden Körper, z.B. Flaschenhals oder Kerze, enganliegend herum legen, die Enden verdrehen und einige cm für Körper, Arme und Beine stehen lassen. Jetzt ist ein Kreis, der Kopf, entstanden.

Für die Arme die freien Drähte seitlich abspreizen, umknicken in Armlänge und in Richtung Kopf verzwirbeln. Anschließen die Drahtenden als Bogen für den Körper (z.B. Birnenform) formen, die Enden ca. 2-4 cm lang abknicken, als Füße für den Ständer.

Für die Flügel einen Draht, doppelte Länge der Engelhöhe, zu einen Ring verschließen. Aus diesem Ring zwei Flügel biegen, durch Eindrücken des Drahtkreises.

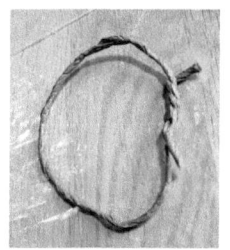

Eine Seite der Drahtformen mit Klebstoff bestreichen und auf Papier legen, ggf. einen schweren Gegenstand als Andruckpressung drauflegen oder mit Wäscheklammern fixieren. Ob nur der Körper eine Füllung aus Papier oder Stoff bekommt oder auch der Kopf, ist Geschmackssache. Auch könnten die Flügel ohne Füllung bleiben oder z.B. mit Transparentpapier gefüllt werden.

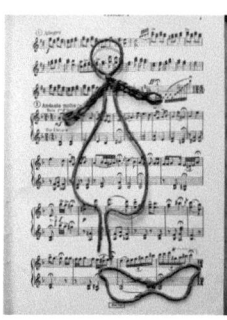

Nach dem Trocknen wird mit einer kleinen Schere rückseitig entlang des Drahtes die Form ausgeschnitten und die Flügel auf den Rücken des Engels geklebt.

In die Hände, die offenen Drahtschlaufen, könnten z.B. gerollte Geldscheine gesteckt werden und schon ist ein originelles Geschenk entstanden. Wenn der Engel auf ein Stück Holz montiert wird, könnte der Name des Konfirmanden und das Datum vermerkt werden.

BEISPIELE OSTERN:

Osterfest mit Eiern, Schafen und Hasen
(sehr leicht und leicht)

Eier

Ein Stück Draht um einen runden Körper, z.B. einen Becher, legen und die Enden verdrehen. Jetzt ist ein Kreis entstanden. Durch leichtes zusammendrücken entsteht die Eiform.

Für die Aufstellvariante ca. 1cm Draht abstehen lassen, für die Hängevariante die Drahtenden bündig mit dem Ei abschneiden.

Eine Seite vom Drahtei mit Klebstoff bestreichen und auf Papier o.ä. legen, ggf. einen schweren Gegenstand als Andruckpressung drauflegen oder mit Wäscheklammern fixieren.

Nach dem Trocknen wird mit einer kleinen Schere rückseitig entlang des Drahtes die Eiform ausgeschnitten.

Für die Aufstellvariante kann in ein Holzstück, entsprechend Drahtdurchmesser, ein Loch gebohrt werden und das überstehende Drahtende vom Drahtei eingeklebt werden.

Für die Hängevariante wird ein Faden mit einer Nadel durch das Papier gezogen und die Fadenenden verknotet.

Schafe

Ein Stück Draht um einen runden Körper, z.B. einem Becher, legen und die Enden verdrehen und ca. 2 cm als Beinchen stehen lassen. Dieser Kreis ist der Körper.

Für den Kopf wird ein Halbkreis geformt, je Seite werden Ösen mit dem Draht gebogen, als Ohren. Die Drahtenden können zwischen den Ohren verdreht werden, als Schädeldecke.

Eine Seite der Drahtform mit Klebstoff bestreichen und auf Papier, z.B. Noppenpappe legen, ggf. einen schweren Gegenstand als Andruckpressung drauflegen oder mit Wäscheklammern fixieren.

Nach dem Trocknen wird mit der kleinen Schere rückseitig entlang des Drahtes die Form ausgeschnitten.

Zum Schluss wird der Kopf auf den Körper geklebt.

Nach Wunsch können mit Stiften Augen aufgemalt werden.

Hase

Ein Stück Draht um einen runden Körper, z.B. einen Becher, legen und die Enden verdrehen und ca. 2 cm als Beinchen stehen lassen. Jetzt ist ein Kreis, der Körper, entstanden.

Für den Kopf wird ein Halbkreis geformt. Je Seite werden lange Ösen mit dem Draht geformt, als Ohren.

Die Drahtenden können zwischen den Ohren verdreht werden, als Schädeldecke.

Eine Seite der Drahtform mit Klebstoff bestreichen und auf Papier legen, ggf. einen schweren Gegenstand als Andruckpressung

drauflegen oder mit Wäscheklammern fixieren.

Nach dem Trocknen wird mit der kleinen Schere rückseitig entlang des Drahtes die Form ausgeschnitten.

Zum Schluss wird der Kopf auf den Körper geklebt.

Nach Wunsch können mit Stiften Augen aufgemalt werden. Ein kleiner Knopf am unteren Körperrand dient als Wuschelschwanz.

Vogelhäuschen und Vögel als Frühlingsbote (leicht)

Für das Vogelhaus den Draht dreiseitig um eine eckige Schachtel legen und die Enden im Bereich der vierten Seite dreieckig zu einem Dach formen.

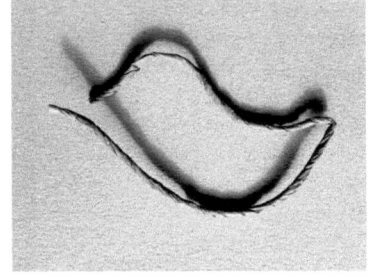

Aus dem Draht einen Vogel biegen, ein Drahtoval mit Ecke (Schwanz) formen und die Enden verdrehen, als Schnabel.

Eine Seite der Drahtform mit Klebstoff bestreichen und auf Papier legen, ggf. einen schweren Gegenstand als Andruckpressung drauflegen oder mit Wäscheklammern fixieren.

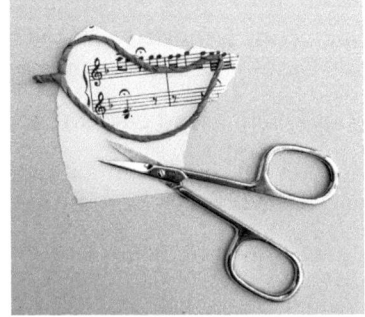

Nach dem Trocknen wird mit der kleinen Schere rückseitig entlang des Drahtes die Form ausgeschnitten.

Jetzt kann mit einem Stift das Auge gemalt werden. Ggf. aus Papier zwei Flügel schneiden und seitlich an den Körper kleben.

BEISPIELE ZUM SOMMER:

Seilspringen (leicht)

Das Biegen beginnt am ersten Bein, dann folgt das Kleidchen im lockeren Bogen, für die Arme den Draht abwinkeln und zum Körper hin verdrehen, am Ende sind Ösen, als Hände, entstanden, in denen ein anderer Draht als Springseil eingeklemmt wird.

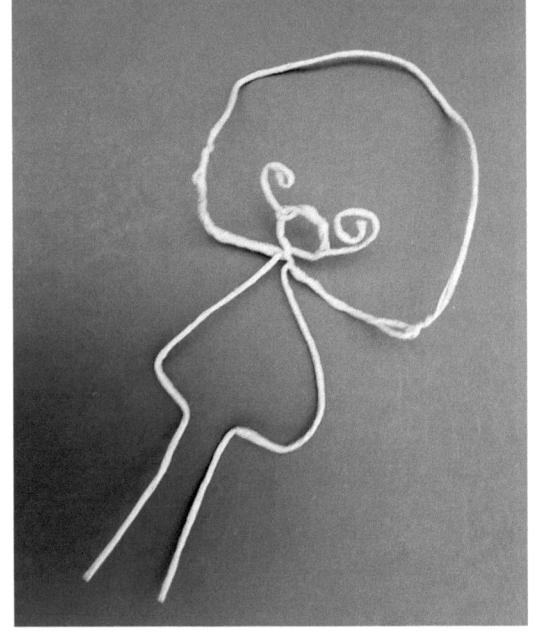

Den Kopf um einen runden Gegenstand biegen und ebenfalls verdrehen.

Für die Haare einen Draht um den oberen Kopfbereich schlingen und die Enden als hüpfende Zöpfe biegen.

Diese Figur verzeiht Unregelmäßigkeiten, denn eine Seilspringerin ist sehr dynamisch, dadurch fallen Dellen und Beulen kaum auf.

Dann folgen die bereits mehrfach beschriebenen Arbeitsschritte; Drahtform mit Klebstoff auf Papier legen, fixieren, nach dem Trocknen ausschneiden.

Die Beine leicht zu einer Sprungposition anwinkeln und auf einen Fuß montieren.

Katze mit Schmetterling (mittel)

Die Drahtform für die Katze beginnt am Fuß, den Draht im Bogen zum Kopf modellieren und zwei kleine Dreiecke formen, als Ohren und im Bogen zurück zum Anfang und den Draht verdrehen. Jetzt das kürzere Ende zum Einklebedraht kürzen und das längere Ende zum Katzenschwanz biegen.

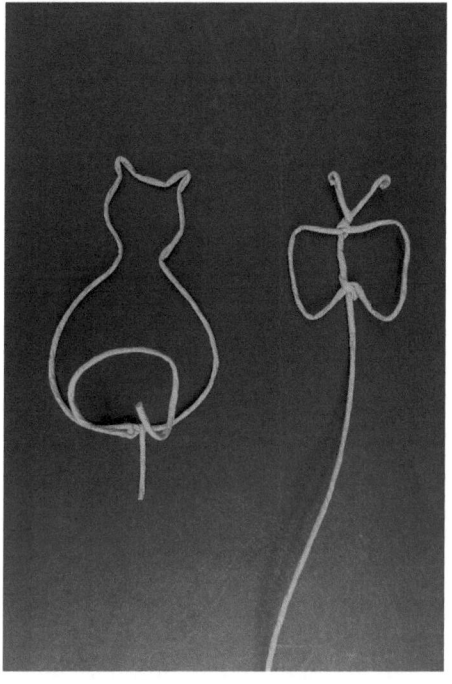

Als Deko wird ein Schmetterling aus zwei Drähten geformt. Der erste Draht beginnt am Fühler, dann kommt der erste Flügel als Halbkreis, spiegelbildlich der zweite Flügel, jetzt werden die Enden verdreht und gekürzt. Die Flügel in Form biegen. Der zweite Draht wird um die Fühler gelegt und, mittig zwischen den Flügeln als Körper verdrehen.

Ein Ende lang lassen für die spätere Montage auf einem Fuß.

Jetzt folgen die bereits mehrfach beschriebenen Arbeitsschritte: Drahtform mit Klebstoff auf Papier legen (es kann für den Schmetterling weißes Papier genommen werden, welches anschließend noch bemalt wird), fixieren, nach dem Trocknen ausschneiden.

Die Gruppe auf ein Holzstück oder auf Modelliermasse montieren und mit Zweigen etc. verzieren.

Sommer mit Segelboot und Leuchtturm (anspruchsvoll)

Aus einem Draht wird freihändig das Boot gebogen. Start ist der Mast; der Draht wird gerade gerichtet und der erste Knick im rechten Winkel führt zum Hinterdeck, dann zwei rechte Winkel und der Draht führt im Bogen zur Spitze. Jetzt muss ein spitzer Winkel gebogen werden, ggf. mit einer kleinen Rundzange, zwei Biegungen werden zur kleinen Kajüte und der Draht wird um den Mast verschlungen und dann nach hinten geführt. Es ist nur ein kleiner Segler, keine große Jacht.

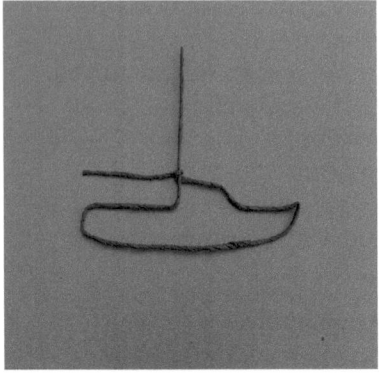

Der Leuchtturm besteht aus zwei Teilen, den länglich Baukörper und oben dem Umlauf mit Geländer.

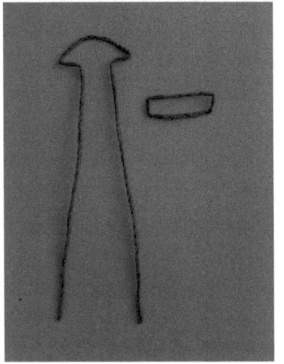

Möwen werden aus der Zahl 3 gebogen und an einem dünneren, normalen Blumendraht befestigt, durch festes Umbiegen des Papierdrahtes um den Blumendraht und einen Tropfen Kleber.

Dann folgen die bereits mehrfach beschriebenen Arbeitsschritte: Drahtform mit Klebstoff auf Papier legen, fixieren, nach dem Trocknen ausschneiden.

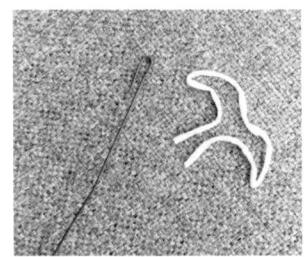

Bevor der Umlauf auf den Turmkörper geklebt wird, können rote Streifen und Fensteröffnungen aufgemalt werden.

Ein Urlaubstörn mit Kutter und Angler (anspruchsvoll)

Bei der Abbildung von komplizierten Formen, wie z.B. einem
Fischkutter, kann der Draht einfach um den Gegenstand dicht umlegt
werden, so kann mit dem
Draht die Silhouette
abgeformt werden.

Auch die Abmessungen
vom Mast, Aufbau etc.
können direkt
abgenommen und
nachgeformt werden,
damit die Proportionen
stimmen.

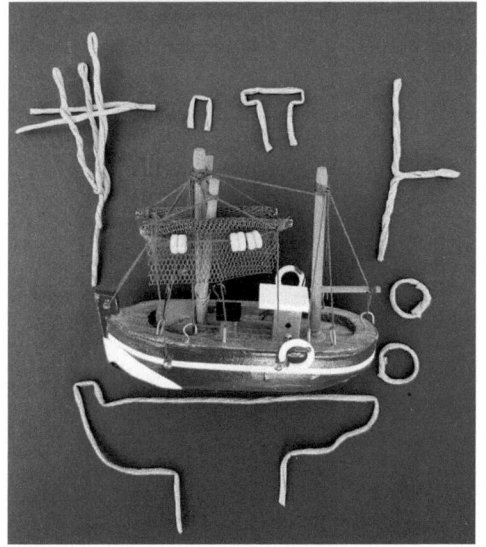

Für den Leuchtturm den Draht geradebiegen, einen kleinen Absatz und die Turmkuppel um einen runden Gegenstand legen, jetzt wieder einen Absatz und den Draht gerade parallel führen.

Für den Bereich des Leuchtfeuers einen Draht zwischen die Absätze verdrehen und im Zick/Zack führen. Ein längliches Quadrat wird später das Geländer.

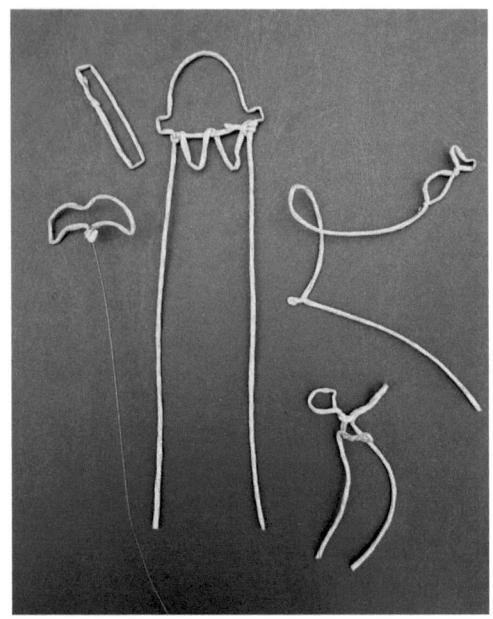

Der Angler besteht aus einem Stück Draht. Die Mitte des Drahtes um einen runden Gegenstand legen als Kopf, für die Arme werden die freien Drähte seitlich abgespreizt, umknicken in Armlänge und in Richtung Kopf verzwirbeln. Anschließend die Drahtenden als Füße für den Ständer stehen lassen. Der eigentliche Körper wird durch die Füllung, aus Papier, gebildet.

Die Angel ist ein gerader Draht, der etwas geknotet und ab dort mit einem Schwung zur Schlinge geformt wird. Am Ende wird ein kleiner Fisch modelliert.

Die Möwe ist aus der Zahl „3" gebogen.

Dann folgen die bereits mehrfach beschriebenen Arbeitsschritte: Drahtform mit Klebstoff auf Papier legen, fixieren, nach dem Trocknen ausschneiden.

In die Hände des Anglers, offene Drahtschlaufen, wird die Angel gesteckt.

BEISPIELE ZUM HERBST UND HALLOWEEN:

Ein Geist geht um (sehr leicht)

Aus Papierdraht wird ein Gespenst / ein Geist gebogen, der Anfang sind wieder die Füße.

Einige Wellen biegen und den Draht im Bogen zum Kopf führen. Den Kopf um einen runden Gegenstand biegen und im Bogen zum Fuß führen, mit einigen Wellen.

Für die Augen können mit einer Lochzange Löcher gestanzt werden.

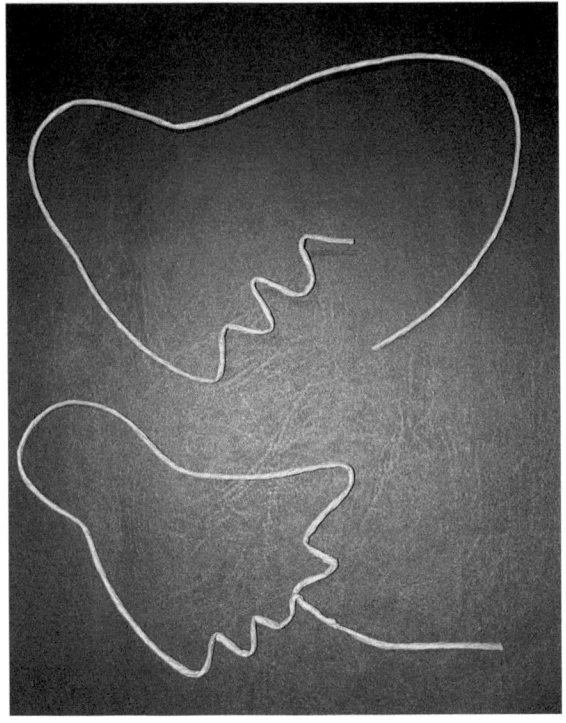

Dann folgen die bereits mehrfach beschriebenen Arbeitsschritte: Drahtform mit Klebstoff auf Papier legen, fixieren, nach dem Trocknen ausschneiden.

Die Gruppe auf ein Holzstück oder auf Modelliermasse montieren und mit Zweigen etc. verzieren.

Drachen steigen lassen im Wind, das ist der Herbst (mittel)

Aus Papierdraht eine Figur biegen, der Anfang sind wieder die Füße.

Die Arme werden verdreht, dadurch entstehen Ösen, die Hände. Den Kopf um einen runden Gegenstand biegen und ebenfalls verdrehen, dadurch entsteht ein Hals.

Zur Deko kann aus einem anderen Drahtstück ein Drache gebogen werden, einfach ein Viereck etwas zusammen drücken.

Dann folgen die bereits mehrfach beschriebenen Arbeitsschritte: Drahtform mit Klebstoff auf Papier legen, fixieren, nach dem Trocknen ausschneiden.

Die Gruppe auf ein Holzstück oder auf Modelliermasse montieren und mit Zweigen etc. verzieren.

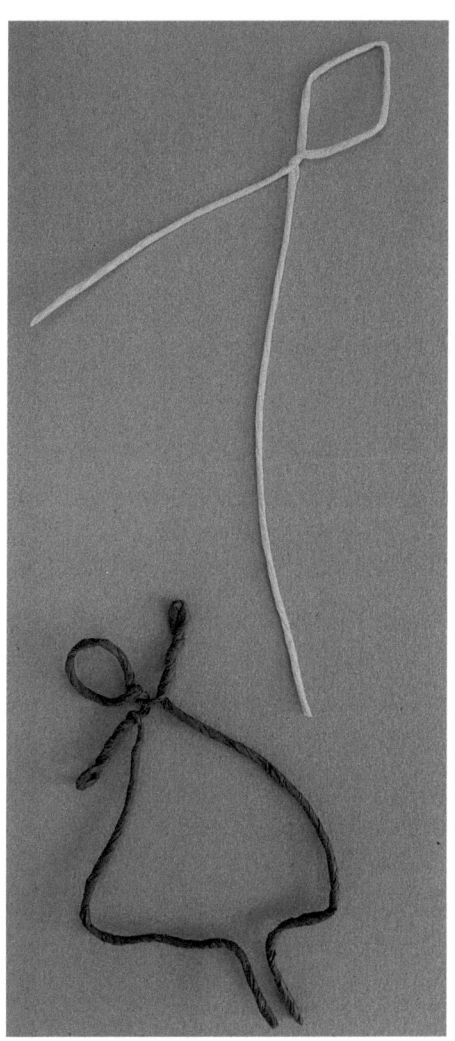

Eule, der Vogel der Weisheit (leicht)

Für den Eulenkörper beginnt das Drahtbiegen am Fuß, im Bogen geht es zum ersten spitzen Ohr, dann einen Bogen zum zweiten spitzen Ohr und der Draht endet im Bogen am zweiten Fuß.

Für die Augen werden um einen runden Gegenstand (z.B. Stift) zwei Kreise geformt. Der Buchstabe „V" wird gebogen, als Schnabel.

Für die Flügel zwei gleich lange Drähte oval formen und die Enden verdrehen.

Dann folgen die bereits mehrfach beschriebenen Arbeitsschritte: Drahtform mit Klebstoff auf Papier legen, fixieren, nach dem Trocknen ausschneiden.

Die Augen und den Schnabel „V" im oberen Körperbereich aufkleben. Die Flügel werden seitlich halb auf den Körper geklebt.

Jetzt kann die Eule auf einen Ast, eine Holzscheibe oder auf Modelliermasse montiert werden, zur Dekoration sind Tannenzapfen und Äste empfehlenswert.

Fledermäuse (leicht/ mittel)

Aus Papierdraht werden Fledermäuse gebogen, der Anfang ist der Kopf.

Den Kopf rundlich mit 2 spitzen Ohren biegen. Der Flügel wird um einen größeren runden Gegenstand halb herum gebogen, dann wird der Draht in 3 Zacken gebogen, als Flügelspitzen. Die Enden sind die Füße; diese werden zur Aufhängung (Haken) der Fledermäuse genutzt. Spiegelbildlich den zweiten Flügel biegen.

Die Augen können aufgemalt oder mit einer Lochzange als Löcher gestanzt werden.

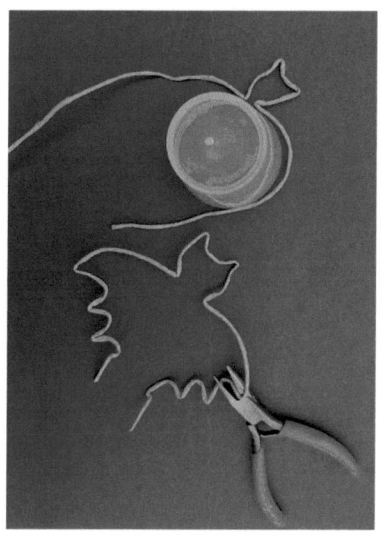

Dann folgen die bereits mehrfach beschriebenen Arbeitsschritte: Drahtform mit Klebstoff auf Papier legen, fixieren, nach dem Trocknen ausschneiden.

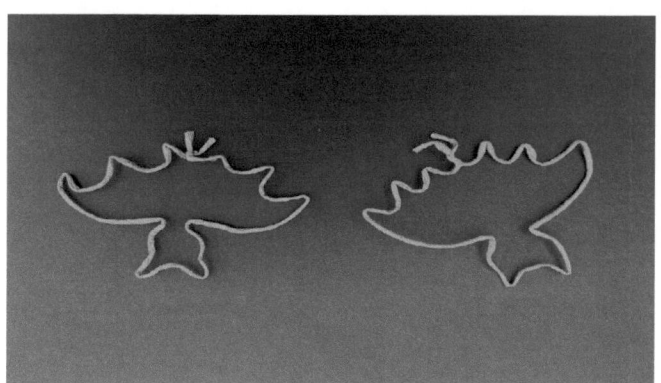

BEISPIELE ZUM WINTER UND ADVENT:

Schneemann und Schneefrau kündigen den Winter an (leicht)

Aus Papierdraht wird ein Schneemann gebogen; der erste, kleinste Kreisbogen ist der Kopf, dabei den Draht um einen runden kleineren Gegenstand biegen. Dann folgt ein etwas größerer runder Gegenstand, als mittleres Bauchteil, und zum Schluss der größte runde Gegenstand.

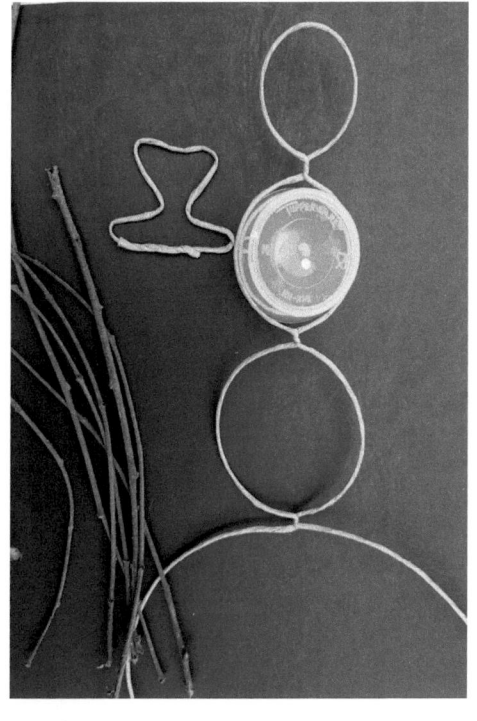

Anschließend werden die Kreise etwas in Ellipsenform gebogen, das sieht natürlicher aus.

Als Arme und Besen werden kleine Äste angeklebt.

Der Hut wird separat gebogen und später angeklebt. Ein Schal kann aus Geschenkbändern gefertigt werden.

Dann folgen die bereits mehrfach beschriebenen Arbeitsschritte: Drahtform mit Klebstoff auf Papier legen, fixieren, nach dem Trocknen ausschneiden.

Die Gruppe auf ein Holzstück oder auf Modelliermasse montieren und mit Zweigen etc. verzieren.

Elch (leicht)

Aus Papierdraht wird ein Elch gebogen, Start sind die Füße.

Die Kontur wird freihändig gebogen.

Einfacher ist es, den Draht um eine Keksausstechform zu biegen. Nachdem die Drahtform abgenommen wurde, kann die Form noch korrigiert werden, z.B. den Kopf etwas abrunden, die Beine schmaler drücken usw.

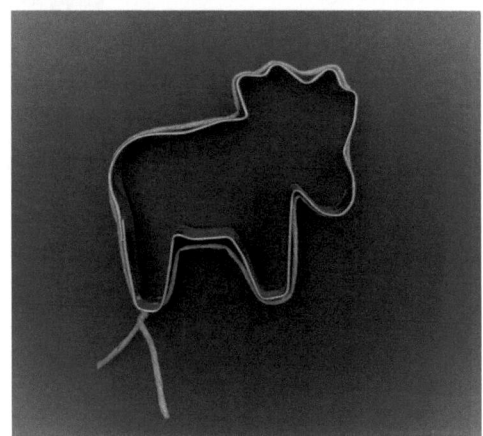

Dann folgen die bereits mehrfach beschriebenen Arbeitsschritte: Drahtform mit Klebstoff auf Papier legen, fixieren, nach dem Trocknen ausschneiden.

Die Gruppe auf ein Holzstück oder auf Modelliermasse montieren und mit Zweigen etc. verzieren.

Oh- Tannenbaum (leicht)

Das Biegen mit dem Papierdraht beginnt am Baumfuß und führt in Richtung Baumspitze. Für den Stern wird ein Draht in sechs Zacken gebogen. Die Zacken werden zum Kreis geschlossen, dadurch entsteht der Stern. Ein oder zweimal verdrehen zur Stabilität und den Draht zum Fuß biegen.

Dann folgen die bereits mehrfach beschriebenen Arbeitsschritte: Drahtform mit Klebstoff auf Papier legen, fixieren, nach dem Trocknen ausschneiden.

Zwei oder drei Bäume, auf einer Baumscheibe montiert, ergeben einen kleinen Wald.

BEISPIELE FÜR WEIHNACHTEN:

Skandinavische Adventszeit mit Wichtel (mittel)

Aus Papierdraht wird eine Figur, der Wichte gebogen, Anfang der der sind wieder die Füße. Die Arme werden verdreht, dadurch entstehen Ösen, die Hände. Für Kopf und Zipfelmütze

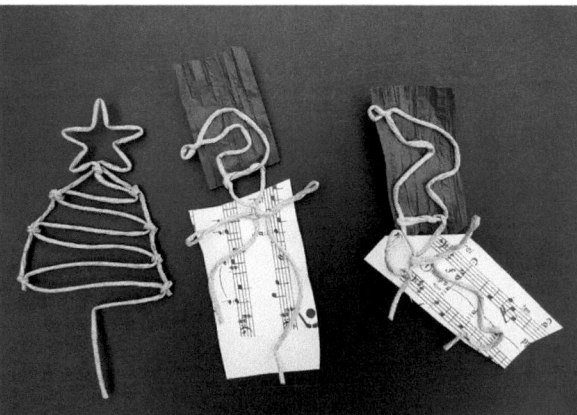

wird eine größere Drahtöse gebogen. Aus dieser Öse wird der untere Bereich rund geformt für den Kopf und die oberen Bereiche hin und her gebogen als Zipfelmütze.

Der Tannenbaum beginnt an der Spitze, mit dem Stern. Für den Stern den Draht in sechs Zacken biegen. Die Zacken werden zum Kreis geschlossen, dadurch entsteht der Stern.

Direkt vom Stern beginnen immer grösser werdende Zacken aus gebogenem Draht, das werden die Tannenzweige. Mit einem Bändchen können die äußeren Tannenzweige, vom Stern aus beginnend, verbunden werden. So erhält man mehr Stabilität und es ist dekorativ.

Dann folgen die bereits mehrfach beschriebenen Arbeitsschritte: Drahtform mit Klebstoff auf Papier legen, fixieren, nach dem Trocknen ausschneiden.

Die Gruppe auf ein Holz oder auf Modelliermasse montieren und mit Zweigen, Tannenzapfen, Weihnachtskugeln, Kerze usw. dekorieren.

Weihnachten mit Krippenszene (mittel)

Aus Papierdraht werden Maria und Josef gebogen, der Anfang sind wieder die Füße. Die Arme werden verdreht, dadurch entstehen Ösen, als Hände. Den Kopf um einen runden Gegenstand biegen und ebenfalls verdrehen, dadurch entsteht ein Hals. Für das Jesuskind einen Drahtkreis zum Oval biegen und ein kleines Ende als runde Öse zum Kopf verdrehen, die Drahtenden werden wie eine Verschnürung auf den Körper gelegt.

Zur Deko kann ein Stern gebogen werden, dazu den Draht in sechs Zacken biegen und zum Kreis schließen.

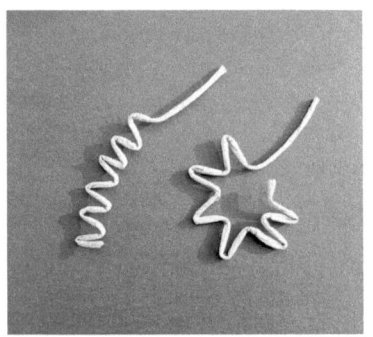

Dann folgen die bereits mehrfach beschriebenen Arbeitsschritte: Drahtform mit Klebstoff auf Papier legen, fixieren, nach dem Trocknen ausschneiden.

Die Gruppe auf ein Holzstück oder auf Modelliermasse montieren und mit Zweigen, Lichterkette etc. dekorieren.

Weihnachtsanhänger, Dekoration und/oder Weihnachtskarten gestalten (sehr leicht)

Christbaumkugel:

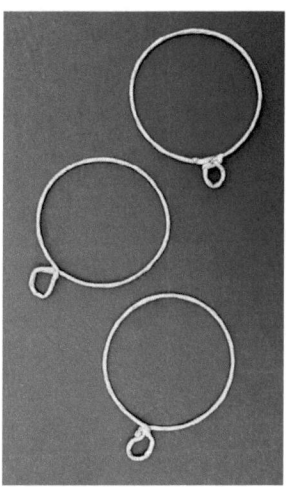

Papierdraht um einen runden Körper, z.B. einen Becher oder einen Flaschenhals, legen und die Enden verdrehen. Jetzt ist ein Kreis entstanden. Die Enden können zu einer Öse gebogen und verdreht werden, oder bündig mit dem Kreis kürzen. Verwendung finden diese Kreise/ Kugeln als ausgefallene Deko für den Weihnachtsbaum oder als Paketanhänger mit dem Namen des Beschenkten.

Stern:

Für den Stern wird ein Draht in Zacken (6 Stück) gebogen. Die Zacken werden zum Kreis geschlossen, dadurch entsteht der Stern.

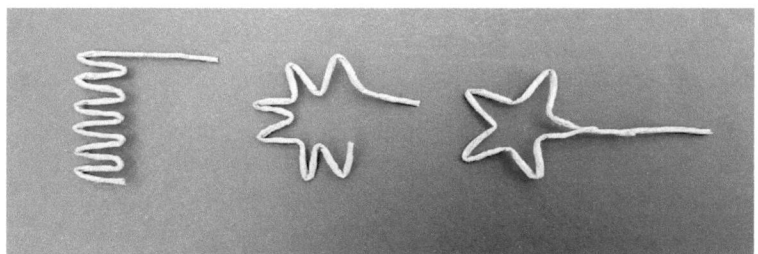

Glocke

Aus einen Stück Papierdraht ein Dreieck formen und durch Verdrehen der Enden schließen. Die Enden können zu einer Öse gebogen und verdreht werden.

Die Ecke mit der Öse um einen runden Gegenstand biegen, es entsteht eine kelchförmige Figur.

Die glatte Unterseite bekommt einen Klöppel, z.B. indem eine Perle angeklebt wird.

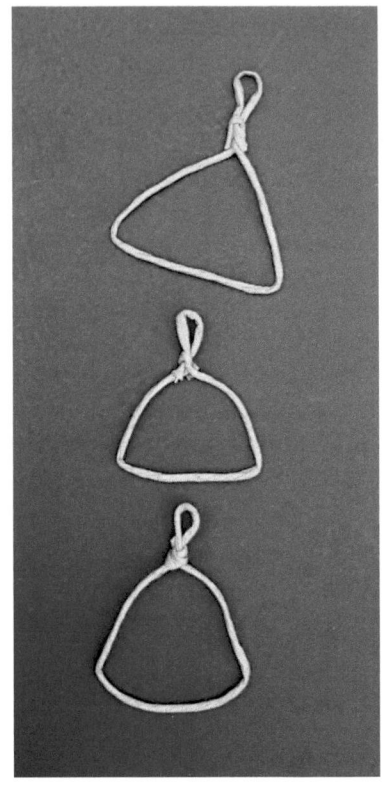

Dann folgen die bereits mehrfach beschriebenen Arbeitsschritte: Drahtform mit Klebstoff auf Papier legen, fixieren, nach dem Trocknen ausschneiden.

Für die Hängevariante einen Faden mit einer Nadel durch das Papier führen oder durch die Öse ziehen. Alternativ auf schlichte Pappkarten aufkleben, mit oder ohne Spruch ist es eine individuelle Karte zu Weihnachten.

BEISPIELE GLÜCKWÜNSCHE:

Hochzeit mit romantischem Brautpaar (mittel)

Aus Papierdraht werden 2 Figuren gebogen, Start wieder an den Füßen.

Die Arme werden verdreht, dadurch entstehen am Ende Ösen (Hände), in die gerollte Geld- oder Gutscheine gesteckt werden können.

Den Kopf um einen runden Gegenstand biegen und ebenfalls verdrehen, dadurch entsteht ein Hals.

Haare, Hut etc. werden separat gebogen und später angeklebt.

Zur Deko kann ein Herz gebogen werden (siehe Valentinstag).

Dann folgen die bereits mehrfach beschriebenen Arbeitsschritte: Drahtform mit Klebstoff auf Papier legen, fixieren, nach dem Trocknen ausschneiden.

Die Gruppe auf ein Holzstück oder auf Modelliermasse montieren und mit Seidenblumen, Muscheln, Federn etc. verzieren.

Alternativ können die Figuren an längere, stabilere Drähte montiert und z.B. in ein Blumenarrangement integriert werden.

Geburtstag mit Zahl und musikalischem Ständchen (mittel)

Aus Papierdraht können ausgefallene Zahlen gebogen und mit Papier gefüllt werden, z.B. als Blumenstecker oder für einen Kuchen.

Liedchen

Aus Papierdraht werden Figuren gebogen, Start jeweils an den Füßen. Die Arme werden verdreht, dadurch entstehen Ösen, Hände. Den Kopf um einen runden Gegenstand biegen und ebenfalls verdrehen, dadurch entsteht ein Hals. Zur Deko werden Noten und Notenschlüssel geformt. Dabei ist eine Rundzange sehr hilfreich.

Für die Notenlinien werden 5 Drähte benötigt.

Dann folgen die bereits mehrfach beschriebenen Arbeitsschritte: Drahtform mit Klebstoff auf Papier legen, fixieren, nach dem Trocknen ausschneiden.

Die Gruppe auf ein Holzstück oder auf Modelliermasse montieren und mit Geschenkband etc. verzieren. Alternativ an stabilere Drähte montieren und in Blumen oder Kuchen stecken.

BEISPIELE NATUR:

Blumenwiese (mittel)

Für die Blume 5 Ösen um einen Stift biegen und verdrehen, als Blütenblätter. Die Drahtenden verdrehen als Blumenstiel, nach 1/3 einen Draht seitlich abspreizen und als Blatt formen (Drahtöse) und verdrehen.

Tulpen werden aus einem Halbkreis und Zacken gebogen, die Enden werden mit seitlichen Blättern zum Stiel.

Dann folgen die bereits mehrfach beschriebenen Arbeitsschritte: Drahtform mit Klebstoff auf Stoff legen, fixieren, nach dem Trocknen ausschneiden. Die Verarbeitung mit Stoff ist etwas schwieriger als mit Papier.

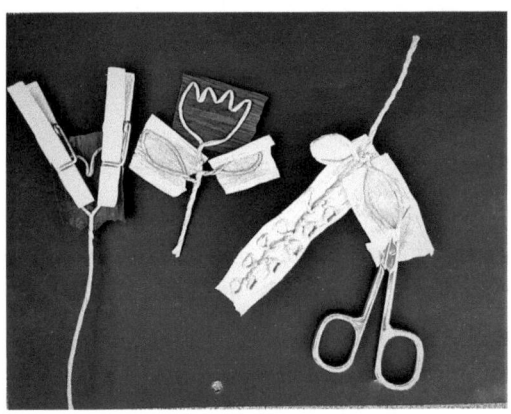

Ein Häuschen im Grünen (leicht)

Für das Haus den Draht dreiseitig um eine eckige Schachtel legen und die Enden im Bereich der vierten Seite dreieckig zu einem Dach formen, wie das Vogelhäuschen. Oder freihändig die Form biegen, beginnend an der Dachspitze.

Für den Baum zwei Drähte beginnend von der Wurzel zur Krone formen. Die Äste können aus Drahtresten, Abschnitte, gestaltet werden, indem diese an den Hauptdraht des Baumes (Baumstamm) gezwirbelt werden.

Dann folgen die bereits mehrfach beschriebenen Arbeitsschritte; Drahtform mit Klebstoff auf Papier legen, fixieren, nach dem Trocknen ausschneiden.

Fenster und Türen können direkt aufgemalt werden.

Die Teile auf eine Pappkarte aufkleben, mit einem kleinen Spruch versehen und schon ist eine Glückwunschkarte zum Einzug oder Hausbau entstanden.

Natürlich können die Drahtfiguren auch auf einen Fuß aus Holz oder Stein montiert werden.

Ein Blumengruß (mittel)

Aus Papierdraht wird ein Mädchen gebogen. Start ist an den Füßen. Der Körper ist relativ einfach gehalten. Die Arme werden verdreht, dadurch entstehen Ösen, als Hände. Den Kopf um einen runden Gegenstand biegen und ebenfalls verdrehen, dadurch entsteht ein Hals.

Für die Blume können 5 Ösen um einen Stift gebogen werden, als Blütenblätter. Ein Drahtende als Blumenstiel stehen lassen.

Tulpen werden aus einem Halbkreis und Zacken gebogen.

Für das Herz werden mit dem Draht zwei Halbkreise nebeneinander geformt, durch das Umlegen z.B. um einen Stift. Die beiden Drahtenden im Abstand gegenüber der zwei Halbkreise zur Spitze verdrehen, ein Ende länger lassen.

Dann folgen die bereits mehrfach beschriebenen Arbeitsschritte: Drahtform mit Klebstoff auf Stoff legen, fixieren, nach dem Trocknen ausschneiden. Die Verarbeitung mit Stoff ist etwas schwieriger als mit Papier.

Die Blume wird in die eine Handöse gesteckt und das Herz in die andere Handöse. Mit einem Tropfen Kleber gegen Verrutschen sichern.

Flieg mein Schmetterling (leicht)

Am besten mit dem Drahtbiegen am Fühler beginnen, dann die eine Schmetterlingsseite formen, erst der obere, dann der untere Flügel, als Bögen.

Mit dem umgebogenen Drahtende der bereits gebogenen Schmetterlingshälfte einfach folgen, bis zum Fühler. Die Schmetterlingsform aufklappen: Die Flügel ggf. etwas ausrichten. Anschließend die Fühler verdrehen, jetzt ist die Drahtform Schmetterling geschlossen.

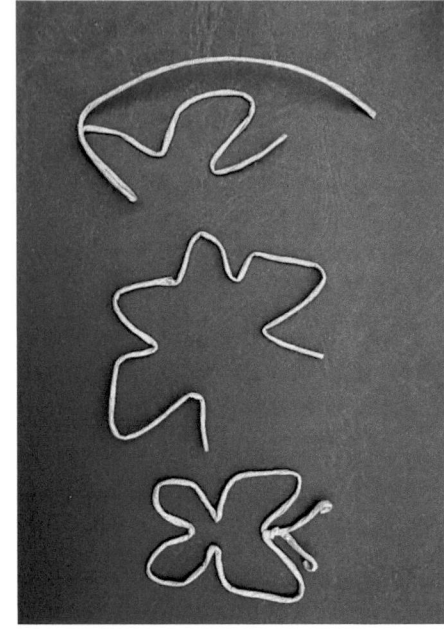

Dann folgen die bereits mehrfach beschriebenen Arbeitsschritte: Drahtform mit Klebstoff auf Stoff oder Papier legen, fixieren, nach dem Trocknen ausschneiden. Die Verarbeitung mit Stoff ist etwas schwieriger als mit Papier.

Zum Aufhängen mit einer Nadel einen Faden durch die Spitze des oberen Flügels ziehen.

BEISPIELE URLAUB

Gute Laune Quatschfiguren (leicht)

Aus Papierdraht werden mehrere Figuren gebogen, Start ist jeweils an den Füßen, Ösen werden zu Schuhen, das Drahtende der Absatz.

Der Körper ist relativ einfach gehalten, als Bogen. Die Arme werden verdreht, dadurch entstehen Ösen als Hände.

Den Kopf um einen runden Gegenstand biegen und ebenfalls verdrehen, dadurch entsteht ein Hals. Ein Draht um den oberen Kopfbereich geschwungen und die Enden als Zacken oder Wellen ergeben die Frisur, die je nach Körperrichtung oder Windrichtung ausgerichtet werden kann.

Dann folgen die bereits mehrfach beschriebenen Arbeitsschritte: Drahtform mit Klebstoff auf Papier legen, fixieren, nach dem Trocknen ausschneiden.

Die Gruppe kann an Pflanzen, Bilderrahmen, Geschenken usw. angehängt werden.

Urlaubserinnerung „Skandinavien" (anspruchsvoll)

Das Haus kann freihändig gebogen oder um einen quadratischen Gegenstand (z.B. Schachtel) herum gebogen werden.

Für den Erker wird der Draht an die entsprechende Position gewunden und eckig mit dreieckigem Dache geformt.

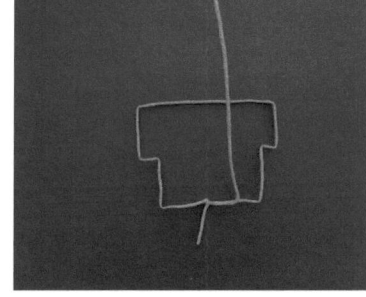

Die Fenster und der Schornstein werden extra geformt und später auf die Papierfüllung geklebt.

Für den Bootssteg wird der Draht geradegebogen und nach unten die Pfosten abgewinkelt. Damit der Bootssteg später optimal passt, muss dieser an die Basis, z.B. ein Stück Treibholz, angepasst werden.

Aus Papierdraht werden mehrere Figuren gestaltet.

Das Biegen beginnt an den Füßen. Der Körper ist relativ einfach gehalten, gerade mit Bogen. Die Arme werden verdreht, dadurch entstehen Ösen, Hände. Den Kopf um einen runden Gegenstand biegen und ebenfalls verdrehen, dadurch entsteht ein Hals.

Eine Figur wird der Angler, er erhält die Angel in die Handösen. Die Angel ist ein gerader Draht, der etwas geknotet wird und ab dort mit einem Schwung zur Schlinge geformt wird. Am Ende wird einen kleinen Fisch gestaltet.

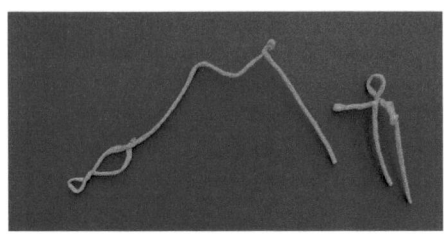

Die andere Figur wird das Mädchen. Für die Schaukel und Schaukelgerüst wird 2 mal der Buchstabe „U" gebogen.

Die Schaukel wird durch die Handösen gezogen und anschließend an das Schaukelgerüst gehängt.

Die Laubbäume sind sehr einfach zu formen, gerader Baumstamm mit wellig geformter Baumkrone. Die Nadelbäume werden gezackt geformt.

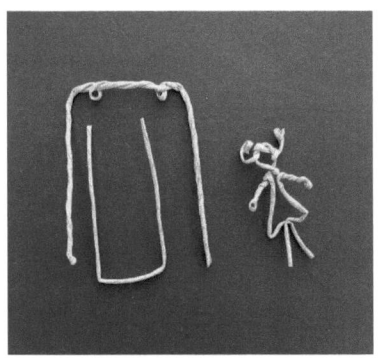

Dann folgen die bereits mehrfach beschriebenen Arbeitsschritte: Drahtform mit Klebstoff auf Papier legen, fixieren, nach dem Trocknen ausschneiden.

Die Gruppe kann an Pflanzen, Steinen usw. auf ein Treibholz oder Modelliermasse montiert werden.

BEISPIELE

Frauchen mit Fellnase (mittel)

Das Drahtbiegen für das Frauchen beginnt an den Füßen. Ein gerades Drahtstück ist das erste Bein. Es folgen einige Wellen, als Kleidersaum, und dann wird der Draht im Bogen zum ersten Arm gebogen und verdreht, dadurch entstehen Ösen, Hände. Den Kopf um einen runden Gegenstand biegen und ebenfalls verdrehen, dadurch entsteht ein Hals. Ein kürzerer Draht wird um den oberen Kopfbereich gedreht und die Enden verwirbelt als Frisur.

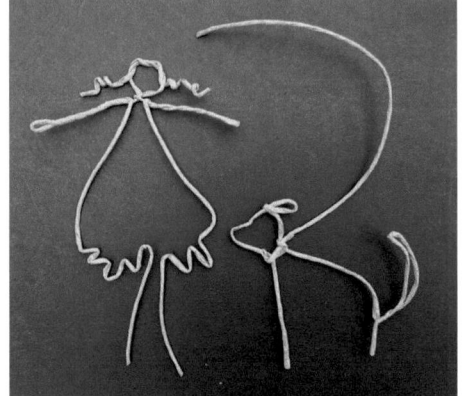

Auch beim Hund startet das Biegen am Fuß. Nach einem geraden Stück Draht wird der Kopf geformt mit Ohr, eine gebogene Öse, wieder ein gerades Stück Draht als Rücken, den Schwanz als längliche Öse biegen und das Drahtende abwärts als Bein enden lassen.

Dann folgen die bereits mehrfach beschriebenen Arbeitsschritte: Drahtform mit Klebstoff auf Papier legen, fixieren, nach dem Trocknen ausschneiden.

Die Gruppe auf ein Holzstück oder auf Modelliermasse montieren und mit Seidenblumen, Muscheln, Federn etc. verzieren.

Hund (leicht)

Beim Hund startet das Biegen am Fuß, nach einem geraden Stück Draht wird der Kopf gebogen mit Ohr aus einer gebogene Öse, dann folgt wieder ein gerades Stück Draht als Rücken, den Schwanz im Bogen biegen und das

Drahtende abwärts als Bein enden lassen.

Herzen werden als zwei Halbkreise um einen runden Gegenstand (Stift) geformt, die Enden werden gegenüberliegend verdreht.

Dann folgen die bereits mehrfach beschriebenen Arbeitsschritte: Drahtform mit Klebstoff auf Papier legen, fixieren, nach dem Trocknen ausschneiden.

Die Gruppe auf ein Holzstück oder auf Modelliermasse montieren und mit Seidenblumen, Muscheln, Federn etc. verzieren.

Künstlerin mit Staffelei (mittel)

Das Drahtbiegen für die Künstlerin beginnt an den Füßen. Der Draht geht im Bogen zu den Armen, die werden verdreht, dadurch entstehen Ösen, Hände. In die Hände kann später ein Pinsel gesteckt werden. Den Kopf um einen runden Gegenstand biegen und ebenfalls verdreht, dadurch entsteht ein Hals. Ein kürzerer Draht wird um den oberen Kopfbereich gedreht und die Enden in Wellen gebogen als Frisur.

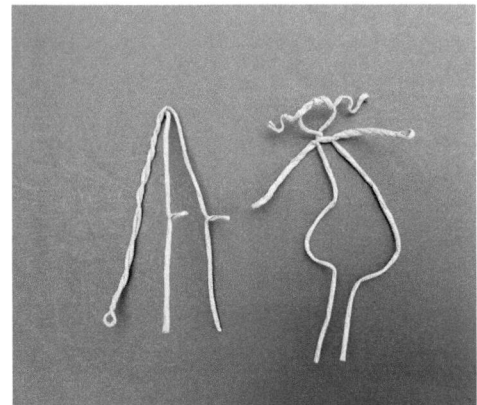

Die Staffeleibiegung beginnt am vorderen Ständer, bis zu dem Bildhalter, der wird rechtwinklig abgebogen, dann zur Spitze. Der hintere Ständer wird gezwirbelt angefertigt, zum Schluss wird der zweite vordere Ständer gebogen, entsprechend dem ersten Ständer.

Ein kurzes Stückchen Band am Ende aufdrehen und fertig ist ein Pinsel.

Dann folgen die bereits mehrfach beschriebenen Arbeitsschritte: Drahtform mit Klebstoff auf Papier legen, fixieren, nach dem Trocknen ausschneiden.

Die Gruppe auf ein Holz oder auf Modelliermasse montieren und noch ein Bildchen auf die Staffelei.

BEISPIEL VOM TITELBILD

Gipfelstürmer (mittel)

Aus Papierdraht werden mehrere Figuren gebogen.

Biegestart ist jeweils an den Füßen. Die Arme werden verdreht, dadurch entstehen Ösen, Hände. Den Kopf um einen runden Gegenstand biegen und ebenfalls verdrehen, dadurch entsteht ein Hals. Der Körper ist relativ einfach gehalten und entsteht durch die Gestaltung der Füllung aus Papier, Folie oder Stoff.

Dann folgen die bereits mehrfach beschriebenen Arbeitsschritte: Drahtform mit Klebstoff auf Papier, Folie oder Stoff legen, fixieren, nach dem Trocknen ausschneiden.

Die Gruppe kann an einem urigen Holzstück, z.B. eine Baumwurzel aus dem Urlaub oder auf einen größeren Stein drapiert werden.

WEITERE ANREGUNGEN, OHNE ANLEITUNG: